COCINAR
CON POLLO

EDIMAT Libros
www.edimat.es

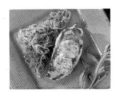

Contenido

Introducción

El pollo le gusta a casi todo el mundo.
Es tierno y delicioso y se adapta muy bien a
muchos métodos de cocina y a multitud de
sabores: recetas distintas para platos de pollo
clásicos de todo el mundo.

Con poca grasa y muy rápido de preparar,
funciona bien tanto en platos cotidianos
como en suntuosos platos de cenas y fiestas.

El pollo puede encontrarse entero, en
4 trozos o en pedazos, en muslos, patas,
pechugas y alas. Deshuesadas y sin piel, las
porciones se preparan muy fácilmente.
Si prefiere no tener que pagar un poco más
por porciones individuales, es más fácil
comprar un pollo entero y que lo trocee
usted mismo, y todavía es más barato
comprar un pollo congelado. Descongéle
completamente antes de usar, dejándolo
derretirse en un lugar frío durante toda la
noche. Aproveche al máximo el ave
convirtiendo los huesos en restos para dar
sabor a la comida.

Escoja libremente una variedad de pollos
de granja para obtener un mejor sabor.
Hoy en día hay muchos tipos de pollo,
algunos con un añadido de hierbas y otros
muchos sabores. Algunos pollos tienen
mantequilla o aceite de oliva inyectados en
la carne para que se mantegan jugosos
cuando se asan. Un pollo mediano será
suficiente para 4 personas, pero los pollos
pequeños, llamados *poussins,* se compran para
ser servidos enteros o partidos por la mitad,
dependiendo de su tamaño.

Cortes de pollo

Los pedazos de pollo vienen de maneras diferentes, y algunos cortes se hacen sobre el hueso o por fuera del mismo, con o sin piel. Algunos métodos de cocinado van especialmente bien con específicos cortes.

Muslos sin piel y sin huesos
Este corte facilita tareas como el relleno y el rebozado, ya que está sin piel y troceado.

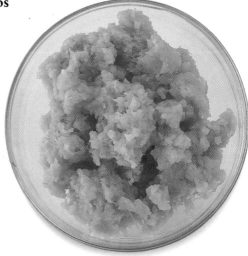

Hígado
Es un añadido sorprendente para patés o ensaladas.

Pollo picado
Usar el pollo picado para rellenos de sabor delicado, albóndigas, condimentos de pastel y tarrinas.

Muslo
El muslo es un absoluto favorito para hacer en barbacoa o freír, en mantequilla o rebozado en pan rallado.

Pechuga
La pechuga tierna de carne blanca se hace más rápidamente y resulta mejor a la brasa o frita con mantequilla.

Contramuslo
El contramuslo es apropiado para hacer a la cazuela y para otros métodos a fuego lento.

Ala
El ala no tiene mucha carne, y a menudo se hace a la barbacoa o frita.

Cuarto
El muslo y la pata juntos hacen el cuarto. Pedazos grandes con huesos, como éste, van bien para hacerlos a fuego lento, como a la cazuela o guisados.

CONSEJOS: Los paquetes grandes de pedazos de pollo son una compra económica; simplemente use lo que necesite y congele el resto. Busque paquetes individuales ya dispuestos con este objetivo.

Técnicas

Asar un pollo

Asar un pollo es un plato universal. Empiece con una buena calidad de pollo, porque estará lleno de sabor, sazóne de modo simple y por todas partes para conseguir una piel crujiente y jugosa, y una carne deliciosa. Para ver si ya está hecho, clave un objeto punzante en la parte más gruesa del muslo: los líquidos que rezumen deberían ser claros.

1 Limpie el ave por dentro y por fuera con toallas de papel. Sabores como el de las hierbas, un diente de ajo o medio limón pueden ser introducidos en la cavidad del cuerpo. Esparza mantequilla o aceite por la pechuga y ate los cuartos juntos.

3 Pase el ave a una tabla para trinchar y dejar durante 15 min. Para hacer salsa, espume la grasa de los líquidos en el molde y después triture dentro 1 cucharada de harina. Añada 1 ¼ taza de restos de pollo y hierva, removiendo, para espesar. Sazone al gusto y eche en una jarra para servir.

2 Coloque las pechugas sobre una sartén para la brasa y ase, llenando la sartén con los líquidos acumulados cada 10 min una vez pasados los primeros 30 min. Cubra con papel de aluminio si se está dorando demasiado rápido.

Tiempo de asado
Pollo pequeño
450-700 g/1-1 ½ lb
1 ¼ h a 180 °C/350 °F
Pollo
1,2-1,3 kg/2-2 ½ lb
1-1 ¼ h a 190 °C/375 °F
1,5-1,75 kg/3½-4 lb
1 ¼-1 ¾ h a 190 °C/375 °F
2-2,25 kg/4½-5 lb
1 ½-2 h a 190 °C/375 °F
2,25-2,7 kg/5-6 lb
1 ¾-2 ½ h a 190 °C/375 °F

Trinchar un pollo

Es mejor dejar reposar el pollo durante 10-15 min antes de trincharlo (mientras se hace la salsa). Esto permite que la carne se asiente de manera que no supurará mientras se corta. Use un cuchillo afilado para cortar y trabajar sobre un plato para que recoja todos los líquidos (éstos pueden añadirse a la salsa). El cuarto puede cortarse en 2 porciones, un muslo y un contramuslo.

1 Sostenga el pollo firmemente con unas tenazas, entre la pechuga y el cuarto, por la parte baja del hueso de la espalda. Corte la piel alrededor del cuarto opuesto, apriete hacia afuera para dejar expuesta la juntura y corte a través. Deslice el cuchillo por la espalda para quitar la "ostra" con la pierna.

3 Con un cuchillo al final del hueso de la pechuga, corte la parte frontal de la carcasa, quitando la espoleta. Corte el resto de pechuga en pedazos.

CONSEJOS: Para guardar los restos, ponga la carcasa de un pollo cocinado en una olla con un cuarto de cebolla, una zanahoria, un ramo de hojas de laurel, tomillo y perejil, y granos de pimienta. No añada la sal, ya que el aderezo puede ser demasiado fuerte cuando el líquido se haya reducido. Cubra con agua fría, hierva y cueza durante dos horas, quitando cualquier deshecho que se asome a la superficie, con una espumadera. Ponga las porciones en un recipiente y dejar enfriar. Cuando las porciones se hayan asentado, la grasa puede ser retirada de la superficie con una cuchara.

2 Con el cuchillo en la parte extrema final del hueso de la pechuga, corte hacia abajo en paralelo a la espoleta para coger un buen pedazo de la pechuga y el ala.

Pollo *Satay* al estilo de Indonesia

No debe usar un filete de pechuga de pollo para el *satay;* los contramuslos deshuesados le darán un buen sabor y son muy económicos.

4 personas

INGREDIENTES
½ taza de cacahuetes crudos
3 cucharadas de aceite vegetal
1 cebolla pequeña, bien troceada
1 pieza de raíz de jengibre,
    pelada y bien troceada
1 diente de ajo, picado
675 g/1 ½ lb de contramuslos de pollo, sin
    piel y cortados en forma de cubos
90 g/3 ½ lb de coco, bien cortado
1 cucharada de salsa de guindilla
4 cucharadas de mantequilla
    de cacahuete
1 cucharadita de azúcar moreno
⅔ de taza de leche
¼ cucharadita de sal

1 Quite la peladura de los cacahuetes, y después sumérjalos en agua durante 1 min. Escurra y corte en pequeñas astillas.

2 Caliente una cazuela de base resistente y añada 1 cucharadita de aceite. Cuando el aceite esté caliente, fría los cacahuetes 1 min, hasta que estén dorados y crujientes. Retire con una espumadera y escurra sobre papel de cocina.

3 Añada el aceite restante a la cazuela. Cuando el aceite esté caliente, añada la cebolla, el jengibre y el ajo y fríalos 2-3 min, hasta que se ablanden, pero no estén marrones. Retire con una espumadera y seque sobre papel de cocina.

4 Añada los trozos de pollo y fríalos 3-4 min hasta que estén crujientes y dorados por ambas caras. Introduzca en palos de bambú previamente mojados y mantenga calientes. Añada el coco a la cazuela caliente en pequeñas porciones y fría hasta que se deshaga.

5 Añada la salsa de guindilla, la mantequilla de cacahuete y la mezcla de cebolla, y cocine 2 min. Eche el azúcar, la leche y la sal, y cocine 3 min más. Sirva los pinchos de pollo calientes, con un plato de la salsa también caliente para mojar, salpicada con los cacahuetes tostados.

CONSEJOS: Deje en remojo en agua fría los palos de bambú durante 2 h como mínimo, o preferiblemente durante toda la noche. Esto los prevendrá de carbonizarse mientras el pollo, pinchado en ellos, se calienta en el horno.

Cigarrillos de pollo

Estos rollitos crujientes pueden servirse calientes como canapés
o como un primer plato, acompañados de una original ensalada.

4 personas

INGREDIENTES
1 x 275 g/10 oz de paquete de pasta
    de hojaldre
3 cucharadas de aceite de oliva
perejil natural, para adornar

PARA EL RELLENO
350 g/12 oz de pollo crudo, picado
1 huevo, batido
½ taza de canela molida
½ taza de jengibre molido
2 cucharadas de pasas
1 cucharada de aceite de oliva
1 cebolla pequeña, bien troceada
sal y pimienta negra molida

2 Precaliente el horno a 180 °C/350 °F y
prepare la pasta de hojaldre. Una vez el
paquete ha sido abierto, es mejor guardar
la pasta cubierta con una servilleta húmeda
y trabajar rápido, ya que se seca muy
deprisa cuando está expuesta al aire.
Desenrede la pasta y corte en tiras de 10 x
25 cm/4 x 10 in.

3 Cubra el resto de tiras, tome una sola
tira de pasta, rocíela con un poco de aceite
de oliva y coloque un pequeño montón
del relleno a 1 cm del final, más o menos.

4 Para guardar el relleno, doble los lados
de la pasta hacia adentro hasta unos 5 cm/2
in a lo ancho y enrólle a lo largo hasta que
tenga forma de cigarro. Coloque sobre
una bandeja para el horno previamente
engrasada y rocíe con aceite de oliva.
Haga los cigarrillos al horno durante
20-25 min, hasta que estén dorados y
crujientes. Adorne con hojitas de perejil.

1 Mezcle todos los ingredientes del
relleno, menos el aceite y la cebolla, en un
recipiente. Caliente el aceite en una sartén
grande y haga la cebolla hasta que esté
tierna. Deje enfriar y añada al resto de la
mezcla de ingredientes.

Paté de hígado de pollo con coñac

El rico sabor a hígado de pollo en este delicioso entrante mejora añadiendo un poco de coñac.

4-6 personas

INGREDIENTES
350 g/12 oz de hígado de pollo
½ taza de mantequilla
1 pedazo de bacon sin corteza,
  troceado
1 cebolla, troceada
2 dientes de ajo, picado
2 cucharadas de coñac
2 cucharadas de perejil, troceado
sal y pimienta negra molida
hojitas de laurel y granos de pimienta,
  para adornar
pan de oliva, para servir
rábanos, para servir (opcional)

2 Eche el coñac y el perejil cortado, con sal y pimienta al gusto. Hierva durante 2 min; después, retire del fuego y bata hasta que quede suave.

3 Eche el paté en platos individuales. Deshaga el resto de la mantequilla y échela cuidadosamente sobre la superficie de cada plato de paté para envolverlo. Adorne con las hojas de laurel y los granos de pimienta.

4 Cuando esté frío, enfríe el paté hasta que esté firme. Sirva con pan de oliva y unos cuantos rábanos, si se desea.

1 Limpie y trocee bien el hígado de pollo. Derrita parte de la mantequilla en una sartén grande. Añada el bacon, la cebolla y el ajo y fría durante 5 min. Añada el hígado de pollo y fría durante algo más de 5 min.

CONSEJOS: Si el paté está bien envuelto, durará en el frigorífico unos 3-4 días.

Sopa de pollo y verduras

Una espesa sopa de pollo y verduras servida con *croûtons* fritos con sabor a ajo es una comida en sí misma.

4 personas

INGREDIENTES
4 contramuslos de pollo, sin hueso y sin piel
1 cucharada de mantequilla
2 puerros pequeños, cortados en finos pedazos
2 cucharadas de arroz de grano largo
3 ¾ tazas de caldo de pollo
1 cucharada de mezcla de perejil
    y menta, troceados
sal y pimienta negra molida

PARA LOS *CROÛTONS* DE AJO
2 cucharadas de aceite de oliva
1 diente de ajo, picado
4 pedazos de pan, cortados en forma de cubos

1 Corte el pollo en cubos de 1 cm/ ½ in. Derrita la mantequilla en una olla, añada los puerros y cocine hasta que estén tiernos. Añada el arroz y el pollo y cocine durante algo más de 2 min.

2 Añada el caldo, y después cubra y estofe durante 15-20 min, hasta que el pollo esté tierno.

3 Para hacer los *croûtons* de ajo, caliente el aceite en una sartén grande. Añada el ajo y los cubitos de pan y cocine, removiendo continuamente, hasta que estén dorados o marrones. Seque sobre papel de cocina y salpique con una pizca de sal.

4 Añada la mezcla de perejil troceado y menta a la sopa y sazone a su gusto. Sirva la sopa al momento y ponga a mano los *croûtons* de ajo por separado.

Sopa de *Noddle* de pollo y trigo

Los *noodles* de trigo o *soba* gozan de mucho éxito en Japón. La forma más simple de servirlos es dentro de un caldo picante.

4 personas

INGREDIENTES

225 g/8 oz de pechugas de pollo sin piel, deshuesadas
½ taza de salsa de soja
1 cucharada de jerez seco o *sake*
4 tazas de caldo de pollo
2 puerros tiernos, cortados en pedazos de 2,5 cm/1 in
175 g/6 oz de hojas de espinaca
300 g/11 oz de *noodles* de trigo o *soba*
semillas de sésamo, tostadas, para adornar

1 Corte el pollo diagonalmente en pedazos a la medida de un bocado. Combine la salsa de soja y el *sake* o jerez en una olla. Hierva a fuego lento. Añada el pollo y cocine 3 min más o menos, hasta que esté tierno. Mantenga caliente.

2 Hierva el caldo de pollo en una olla. Añada los puerros y hierva durante 3 min; después, añada las espinacas y cocine hasta que se marchiten. Retire del fuego, pero cubra para mantener caliente.

3 Haga los *noodles* de trigo o *soba* durante 5 min en una olla grande con agua hirviendo, hasta que estén tiernos, siguiendo las instrucciones del paquete.

4 Escurra los *noodles* y divida entre recipientes individuales. Reparta el puerro caliente y la espinaca en los recipientes, y después añada una porción de pollo a cada uno. Sirva la sopa, salpicada con semillas de sésamo tostadas.

Sopa de pollo al estilo *Thai*

Un exquisito combinado de leche de coco, hierba de limón, jengibre y lima, con tan solo una pizca de guindilla, produce una sopa deliciosa.

4 personas

INGREDIENTES

1 cucharadita de aceite

1-2 guindillas naturales, sin semillas y troceadas y 2 dientes de ajo, picados

1 puerro grande, en rodajas finas

1 taza de caldo de pollo

1 ⅔ tazas de leche de coco

450 g/1 lb de muslos de pollo, deshuesados y sin piel

2 cucharadas de salsa de pescado *Thai*

1 palo de hierba de limón, separado

2,5 cm/1 in de raíz natural de jengibre, pelada y cortada y 1 cucharadita de azúcar

2 hojas de lima (opcional)

¾ de taza de guisantes descongelados

3 cucharadas de cilantro natural, cortado

1 Caliente el aceite en una olla grande y haga las guindillas y el ajo durante 2 min. Añada el puerro y hágalo 2 min más. Eche dentro el caldo y la leche de coco, y hierva.

2 Corte el pollo en pedazos (bocados) y añada a la sartén con la salsa de pescado, la hierba de limón, el jengibre, el azúcar y las hojas de lima, si se utilizan. Cubra y hierva, dándole vueltas ocasionalmente durante 15 min, o hasta que el pollo esté tierno.

3 Añada los guisantes y cocine durante algo más de 3 min. Retire la hierba de limón y eche el cilantro justo antes de servir.

Mulligatawny de pollo

Esta es una popular variación del *mulligatawny* (agua sazonada) que
originalmente era una sopa picante de verduras con un especial sabor amargo.

4-6 personas

INGREDIENTES

900 g/2 lb de pedazos de pollo
6 vainas de cardamomo
1 pedazo de palo de canela, de 5 cm/2 in de
    largo
4-6 hojas de curry
1 cucharada de polvo de cilantro
1 cucharadita de polvo de comino
½ cucharadita de cúrcuma
3 dientes de ajo, picados
sal y 12 granos de pimienta negra
4 clavos y 1 cebolla, bien troceada
115 g/4 oz de crema de coco
zumo de 2 limones
cebollas fritas en abundante aceite, (adorno)
hojas de cilantro cortadas, para adornar

1 Coloque el pollo en una olla grande
con 2 ½ tazas de agua y cocine hasta que
el pollo esté tierno. Haga que la superficie
se vuelva espuma y después déjela lisa,
reservando el caldo y manteniendo el
pollo caliente.

2 Devuelva el caldo a la olla y recaliente.
Añada todos los ingredientes restantes,
excepto el pollo, las cebollas fritas y el
cilantro. Cueza durante 10-15 min.

3 Alise la mezcla y devuelva el pollo
cocinado a la sopa. Recaliente y sirva
en recipientes individuales, adornados
con las cebollas fritas y el cilantro
troceado.

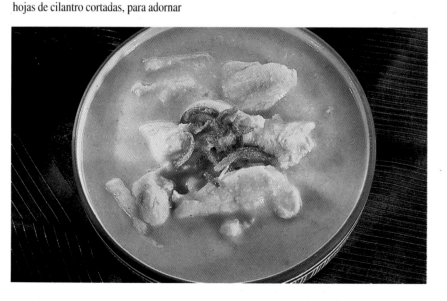

Pollo asado con verduras mediterráneas

Esta es una deliciosa alternativa francesa para el tradicional pollo asado.
Use un pollo alimentado a base de granos, o de granja, si fuera posible.

4 personas

INGREDIENTES
1,75 kg/4-4 ½ lb de pollo para asar
⅔ de taza de aceite
   de oliva virgen
½ limón
unas cuantas ramitas
   de tomillo natural
450 g/1 lb de patatas pequeñas
1 berenjena, cortada en cubos
   de 2,5 cm
1 pimiento rojo, sin semillas
   y cortado en 4 trozos
1 hinojo, limpio y cortado
   en 4 trozos
8 dientes de ajo grandes, sin pelar
sal gruesa y pimienta negra molida

1 Precaliente el horno a 200 °C/400 °F.
Rocíe todo el pollo con aceite de oliva y
sazone con pimienta. Coloque el limón
con media parte dentro del ave, y también
introduzca una ramita o dos de tomillo.
Meta el pollo, con la parte de la pechuga
boca abajo, en una bandeja grande para
el horno. Ase durante 30 min.

2 Retire el pollo del horno y sazone con
sal. Ponga el pollo boca arriba y échele
la salsa de la bandeja. Rodee el pollo con
las patatas, removiéndolas en la salsa del
asado, y vuelva a meterlo en el horno.

3 Después de 30 min, añada la
berenjena, el pimiento, el hinojo y los
dientes de ajo a la bandeja. Salpique
con el aceite que queda y sazone con
sal y pimienta. Añada el tomillo que
queda a los vegetales. Devuélvalo al
horno, y cocine durante 30-50 min más,
removiendo los vegetales en el aceite y
girándolos.

4 Para ver si el pollo está hecho,
introduzca la punta de un cuchillo
afilado entre el muslo y la pechuga.
Si la salsa que supura es clara, entonces
está hecho. Las verduras deberían estar
tiernas y comenzando a dorarse. Sirva
el pollo y las verduras de la bandeja, o
cambie las verduras a un plato para servir,
y coloque el pollo sobre aquellas. Sirva
las salsas en una salsera.

Pollo a la cazuela

Una cazuela de un estupendo pollo tierno, tubérculos y lentejas, acabado con *crème fraîche,* mostaza y estragón.

4 personas

INGREDIENTES
350 g/12 oz de cebollas
350 g/12 oz de puerros limpios
225 g/8 oz de zanahorias
450 g/1 lb de nabos
2 cucharadas de aceite
4 porciones de pollo, unos 900 g/2 lb
    de peso en total
½ taza de lentejas verdes
2 tazas de caldo de pollo
1 ¼ tazas de zumo de manzana
2 cucharaditas de maíz
2 cucharadas de agua
3 cucharadas de *crème fraîche*
2 cucharaditas de mostaza en grano
2 cucharadas de estragón natural
sal y pimienta negra molida
espigas de estragón natural, para adornar

1 Precaliente el horno a 190 °C/375 °F. Prepare las cebollas, los puerros, las zanahorias y el nabo y córtelos en pedazos de un tamaño similar.

2 Caliente el aceite en una cazuela grande. Sazone las porciones de pollo con sal y pimienta y dore en el aceite caliente. Seque en papel de cocina.

3 Añada las cebollas a la cazuela y cocine, dando vueltas, durante 5 min, hasta que empiecen a ablandarse y a dorarse.

4 Eche los puerros, las zanahorias, el nabo y las lentejas y haga a fuego lento durante 2 min.

5 Devuelva el pollo a la olla. Añada el caldo, el zumo de manzana y el aderezo. Hierva y cubra bien. Cocine en el horno durante 50-60 min, o hasta que el pollo y las lentejas estén tiernos.

6 Coloque la cazuela a medio fuego. Eche el maíz y el agua y añada la *crème fraîche,* la mostaza y el estragón. Ajuste el aderezo. Cueza durante 2 min, removiéndolo. Sirva adornado con las ramitas de estragón.

Pollo y paquetes de puerro

Estos curiosos paquetes tal vez suenen un poco delicados, pero se hacen rápidamente y se pueden congelar.

4 personas

INGREDIENTES
4 filetes de pollo, o pedazos
    de pechuga sin hueso
2 puerros pequeños, cortados en pedazos
2 zanahorias, ralladas
4 aceitunas negras sin hueso, troceadas
1 diente de ajo, picado
1 cucharada de aceite de oliva
8 filetes de anchoa
sal y pimienta negra molida
aceitunas negras y ramitas de hierba,
    para adornar

1 Precaliente el horno a 200 °C/400 °F. Aderece bien el pollo. Divida los puerros en 4 bandejas de papel de cocina engrasadas, de 23 cm/9 in de lado. Coloque una pieza de pollo sobre cada bandeja de papel.

2 Mezcle las zanahorias, las aceitunas, el ajo y el aceite. Aderece ligeramente y coloque sobre las porciones de pollo. Ponga sobre cada una 2 pedazos de anchoa, y después envuelva cuidadosamente cada paquete, asegurándose que los envoltorios están por debajo y la mezcla de zanahoria encima.

3 Ase durante 20 min y sirva caliente, en el papel, adornado con aceitunas negras y ramitas de hierba.

Pollo rebozado de tomate

Este plato tiene un delicioso sabor veraniego y sería una maravillosa cena al aire libre.

4–6 personas

INGREDIENTES
1,5-1,75 kg/3½- 4 lb de pollo de granja
1 cebolla pequeña
un pedazo de mantequilla
5 cucharadas de salsa de tomate,
    ya preparada
2 cucharadas de mezcla de hierbas
    naturales, como el perejil, el estragón,
    la salvia, la albahaca y la mejorana
2 cucharaditas de vino blanco seco
2-3 tomates pequeños, troceados
aceite de oliva
maicena (opcional)
sal y pimienta negra molida

1 Precaliente el horno a 190 °C/375 °F. Coloque la cebolla, la mantequilla y el aderezo dentro del pollo limpio y meta en un recipiente para hornear. Cubra con la mayor parte del zumo de tomate, la mitad de las hierbas y más aderezo. Eche el vino.

2 Cubra con papel de aluminio y ase durante 1 ½ h, echándole salsa por encima de vez en cuando. Esparza con el resto de la salsa, los tomates y el aceite, y cocine 20-30 min más. Rocíe con las hierbas que quedan y trinche. Espese la salsa con maicena, si se quiere. Sirva caliente.

Pastel de pollo con champiñones

El relleno de este pastel tiene un intenso sabor a champiñones, si se usa el caldo de pollo mejor que la leche y la mantequilla.

4-6 personas

INGREDIENTES

PARA LA PASTA
¾ de taza de mantequilla
    o margarina, frías
2 tazas de harina
1 yema de huevo
4 cucharadas de agua fría

PARA EL RELLENO DEL PASTEL
900 g/2 lb de pollo, asado o hervido
3 cucharadas de aceite de oliva
275 g/10 oz de mezcla de champiñones
    oscuros (seta plana, seta ostra o seta
    castaña), en pedazos gruesos
5 cucharaditas de harina
1 ¼ tazas de caldo de pollo
1 cucharada de salsa de soja
1 clara de huevo
sal y pimienta negra
    molida

1 Para la pasta, corte la mantequilla o la margarina en pedazos pequeños y mézclela con la harina hasta que se forme una masa parecida a migas de pan. Mezcle la yema de huevo con el agua fría y eche en la mezcla de harina. Haga una pelota con la masa, cubra y enfríe durante 30 min.

2 Precaliente el horno a 220 °C/425 °F. Para el relleno, corte el pollo cocinado en pedazos y póngalos en el plato del pastel engrasado de 7 ½ tazas de capacidad.

3 Caliente la mitad del aceite en una sartén. Saltee los champiñones en un fuego intenso durante 3 min. Añada el aceite que queda y eche la harina. Sazone con la pimienta y lentamente añada el caldo, removiéndolo para hacer una salsa espesa.

4 Eche la salsa de soja, pruebe el aderezo y eche la salsa de champiñones sobre el pollo.

5 Estire la pasta y corte un trozo mayor de la medida del plato de pastel. Corte tiras alargadas de 2 cm/¾ in de ancho. Colóquelas alrededor del borde del plato y después ponga el pedazo grande de pasta por encima, apretando hacia abajo sobre la parte superior de las tiras. Lance hacia arriba los bordes con un cuchillo.

6 Bata un poco la clara de huevo con un tenedor y rocíela sobre la pasta para asegurar un acabado dorado y crujiente. Ase el pastel en el horno precalentado unos 30-35 min. Sirva al momento.

CONSEJOS: El pastel puede hacerse por adelantado hasta el paso 4 y se puede dejar enfriar durante la noche. Para cocinarlo después, déjelo a temperatura ambiente unas horas y siga estos pasos.

Jambalaya de pollo y langostinos

Los Jambalayas son originales mezclas de ingredientes con mucho sabor, y siempre se hacen en copiosas cantidades para familias numerosas o comidas de celebración.

10 personas

INGREDIENTES
2 x 1,5 kg/3-3 ½ lb de pollos
450 g/1 lb de jamón ahumado, crudo
4 cucharadas de manteca de cerdo
   o grasa de bacon
½ taza de harina
3 cebollas medianas, cortadas en rodajas
2 pimientos verdes dulces, sin semillas
   y troceados
675 g/1 ½ lb de tomates, pelados y troceados
2-3 dientes de ajo, picados
2 cucharaditas de tomillo troceado
   o 1 cucharadita de tomillo seco
24 langostinos mediterráneos, pelados
4 tazas de arroz de grano alargado
2-3 chorritos de salsa de Tabasco
1 ramillete de cebollitas verdes, bien troceadas
3 cucharadas de perejil troceado
sal y pimienta negra molida

1 Corte cada pollo en 10 pedazos y sazónelo con sal y pimienta. Trocee el jamón, quitando la peladura y la grasa.

2 En una olla grande y con la base resistente, funda la manteca o la grasa de bacon y dore los trozos de pollo, retirándolos con una espumadera y dejándolos aparte cuando estén hechos.

3 Baje el fuego, salpique la harina sobre la grasa en la olla y remueva continuamente hasta que el *roux* se dore un poco.

4 Vuelva a meter los trozos de pollo en la olla, añada el jamón, las cebollas, los pimientos verdes, los tomates pelados, el ajo y el tomillo y cocine, removiendo regularmente, durante 10 min, y después eche los camarones pelados y mezcle todo bien.

5 Eche el arroz en la olla y 1 ½ veces el volumen del arroz de agua. Sazone con sal, pimienta y salsa de Tabasco.

6 Hierva la mezcla, reduzca el fuego y cocine hasta que el arroz esté tierno y el líquido se haya absorbido. Añada un poco más de agua si el arroz parece secarse mientras se cocina.

7 Mezcle las cebollitas y el perejil en el plato terminado, reservando un poco de la mezcla para espolvorearla sobre la *Jambalaya*. Sirva caliente.

Pollo *Tandoori*

Este es probablemente el más famoso de los platos indios. Marine bien el pollo
y cocínelo en un horno muy caliente para que tenga sabor a horno de barro.

4-6 personas

INGREDIENTES
1,3 kg/3 lb de pollo preparado para asar
1 taza de yogur natural, removido
4 cucharadas de pasta *tandoori* masala
75 g/3 oz de *ghee*
sal
pedazos de limón y aros de cebolla,
    para adornar
lechuga, para servir

1 Usando un cuchillo afilado o tijeras,
quítele la piel al pollo y la grasa. Con un
tenedor, pinche la carne al azar.

2 Corte el pollo por la mitad, por el
centro a través de la pechuga. Corte cada
pedazo por la mitad otra vez. Haga unos
cuantos cortes profundos diagonalmente
en la carne. Mezcle el yogur con la pasta
de *masala* y la sal. Esparza el pollo con el
yogur, poniéndolo en los cortes también.
Deje al menos 2 h, preferiblemente,
durante toda la noche.

3 Precaliente el horno con el fuego al
máximo posible. Coloque los pedazos
de pollo marinado sobre la rejilla del
horno en una bandeja profunda. Esparza
los trozos de pollo que tengan un exceso
de salsa, reservando un poco de ésta para
irlo rociando mientras se hace.

4 Derrita el *ghee* y échelo sobre los
trozos de pollo para cuajar la superficie.
Esto ayuda a mantener el centro del pollo
húmedo mientras se hace. Déjelo en
el horno durante 10 min a todo fuego,
y después retírelo, dejando el horno
encendido.

5 Rocíe el resto de pedazos de pollo
con la salsa restante. Vuélvalo a meter en
el horno y apague el fuego. Deje el pollo
en el horno durante unos 15-20 min sin
abrir la puerta. Sirva sobre una base de
lechuga y adorne con el limón y los aros
de cebolla.

Pollo glaseado con anacardos

La salsa *hoisin* le da una nota dulce y ligeramente picante a este plato de pollo, mientras los anacardos añaden un placentero contraste de textura.

4 personas

INGREDIENTES
1 pimiento rojo
450 g/1 lb de pechugas de pollo sin piel
   y deshuesadas
¾ de taza de anacardos
3 cucharaditas de aceite de cacahuete
4 dientes de ajo, bien troceados
2 cucharadas de vino de arroz chino
   o jerez semiseco
3 cucharadas de salsa *hoisin*
2 cucharaditas de aceite de sésamo
5-6 cebollitas verdes, sólo la parte verde,
   cortadas en pedazos largos de 2,5 cm
arroz o *noodles*, para servir

1 Parta por la mitad el pimiento rojo y quite las semillas. Trocee a tiras de la longitud de un dedo. Aplane las pechugas de pollo y córtelas en tiras del mismo tamaño que los pimientos.

2 Caliente la sartén, añada los anacardos y fría a fuego lento o a medio fuego durante 1-2 min, hasta que estén dorados. Retire y deje aparte.

3 Aumente el fuego bajo la sartén, añada el aceite y dé vueltas. Añada el ajo y déjelo chisporrotear durante unos pocos segundos. Añada el pimiento y las tiras de pollo a la olla y fríalas durante 2 min.

4 Añada el vino de arroz o el jerez y la salsa *hoisin*. Continúe friendo hasta que el pollo esté tierno y todos los ingredientes estén glaseados.

5 Eche el aceite de sésamo, los anacardos y las cebollas verdes. Sirva al momento con arroz o *noodles*.

Pollo endemoniado

Como puede imaginar, este pollo picante a la barbacoa viene del sur de Italia, por las guindillas secas que tiene la salsa.

4 personas

INGREDIENTES
½ taza de aceite de oliva
la ralladura y el zumo de 1 limón grande
2 dientes de ajo, bien troceados
2 cucharaditas de guindillas,
    bien troceadas o desmenuzadas
12 contramuslos de pollo sin piel,
    deshuesados y cortados en 3 o 4 trozos
sal y pimienta negra molida
hojas de perejil, para adornar
trozos de limón, para servir

1 Mezcle el aceite, la peladura, el zumo de limón, el ajo y las guindillas en un plato llano, y sazone a su gusto. Mezcle bien.

2 Añada los pedazos de pollo, girándolos para que se cubran con la marinada. Cubra y refrigere durante 4 h como mínimo.

3 Cuando esté listo para hacerse, prepare la barbacoa o precaliente el gratinador y coloque los pedazos de pollo en 8 pinchos de metal con aceite. Cocine sobre la barbacoa o bajo el gratinador caliente 6-8 min, girándolos hasta que estén tiernos. Adorne con hojas de perejil y sirva calientes, con pedazos de limón.

CONSEJOS: Meta el pollo en pinchos espirales y así no se caerá mientras se está cocinando.

Pollo frito picante

Estos pedazos tiernos de pollo frito poseen un toque picante y un crujiente envoltorio de pimentón para hacerle la boca agua.

4 personas

INGREDIENTES
½ taza de mantequilla
1,5 kg/3-3½ lb de trozos de pollo
½ taza de harina
1 cucharada de pimentón
1 cucharita de pimienta negra, molida
aceite vegetal, para freír
1 cucharada de agua

1 Eche mantequilla en un recipiente grande y añada los pedazos de pollo. Remueva para cubrir, y después deje aparte durante 5 min. En un recipiente o una bolsa de plástico, mezcle la harina, el pimentón y la pimienta negra.

2 Caliente 5 mm/¼ in de aceite en una sartén grande a medio o a todo fuego. Uno a uno, deje los pedazos de pollo fuera de la mantequilla y unte en la harina para cubrirlo.

3 Meta los trozos de pollo en aceite caliente y fría durante unos 10 min, hasta que estén ligeramente dorados, dándoles la vuelta una vez.

4 Reduzca el fuego y añada el agua. Cubra y cocine durante 30 min, dándole la vuelta a los trozos cada 10 min. Descubra la olla y continúe cocinando durante 15 min, hasta que el pollo esté tierno y el rebozado crujiente.

Tallarines de espinacas con pollo y espárragos

Esta combinación de pollo y espárragos le da a este delicioso plato de pasta un sabor delicado y sofisticado.

4-6 personas

INGREDIENTES

2 pechugas de pollo, sin piel y sin hueso
1 cucharada de salsa de soja
2 cucharadas de Jerez
2 cucharadas de maíz
8 cebollitas verdes, limpias y cortadas
   en trocitos diagonales de 2,5 cm/1 in
1-2 dientes de ajo, picados
tiras de peladura de ½ limón
   y 2 cucharadas de zumo de limón
⅔ de taza de caldo de pollo
1 cucharadita de azúcar refinada
225 g/8 oz de espárragos, cortados
   en trozos de 7,5 cm/3 in
450 g/1 lb de tallarines verdes frescos
   o 250 g/3 in de tallarines verdes secos
sal y pimienta negra molida

2 Corte los filetes en tiras de 2,5 cm/ 1 in. Meta el pollo en un recipiente con la salsa de soja, el jerez, el maíz y el aderezo. Remueva para rebozar cada pieza.

3 En una sartén grande que no se pegue, ponga el pollo, las cebollitas, el ajo y la peladura de limón. Añada el caldo y hierva, removiendo constantemente hasta que se haga espeso. Añada el azúcar, el limón, el zumo y los espárragos. Cueza durante 4-5 min hasta que estén tiernos.

1 Coloque las pechugas de pollo entre 2 hojas de papel transparente y aplánelas con el rodillo hasta que midan 5 mm/¼ in de espesor.

4 Mientras, haga los tallarines en una olla grande de agua salada hirviendo, durante 2-3 min, si son frescos, o 10-12 min, si son secos. Escurra bien. Arregle los tallarines en platos para servir y eche la salsa de pollo y los espárragos por encima. Sirva al momento.

Pollo ahumado, pimiento amarillo y *pizzetas* de tomate seco

Los ingredientes para esta receta se complementan perfectamente
y son un *topping* delicioso para estas sabrosísimas *pizzetas*.

4 personas

INGREDIENTES
PARA LA MASA DE PIZZA
1 ½ tazas de harina blanca muy consistente
¼ cucharaditas de sal
1 cucharaditas de levadura
½-⅔ de taza de agua tibia
1 cucharada de aceite de oliva

PARA EL *TOPPING*
3 cucharadas de aceite de oliva
4 cucharadas de pasta de tomate seco
2 pimientos amarillos, sin semillas y en tiras
175 g/6 oz de pollo ahumado, cortado en
    pedazos
150 g/5 oz de queso Mozzarella, cortado en
    cubos
2 cucharadas de albahaca fresca, troceada
sal y pimienta negra molida

1 Para hacer la pasta, coloque la harina
y la sal en un recipiente y eche la levadura.
Haga un hueco en el centro, eche el agua
y el aceite y mezcle hasta conseguir una
pasta suave. Amase la pasta 10 min, hasta
que quede suave y elástica. Colóquela en
un recipiente engrasado, cubra con papel
transparente y deje en un lugar caliente
1 h, o hasta que haya duplicado su
tamaño.

2 Precaliente el horno a 220 °C/425 °F.
Gire la pasta sobre una superficie con un
poco de harina y amase otra vez 2-3 min.
Divida la masa en 4 trozos y haga una
redonda de 13 cm/5 in cada una sobre una
superficie con un poco de harina. Coloque
aparte sobre 2 bandejas con grasa, y
después empuje hacia arriba los bordes de
la masa para hacer un borde fino.

3 Rocíe la base de las pizzas con
1 cucharada de aceite, y después rocíe
generosamente con la pasta de tomate
seco.

4 Fría los pimientos en la mitad del aceite
que queda durante 3-4 min. Disponga el
pollo y los pimientos encima de la pasta
de tomate.

5 Salpique por encima el queso de Mozzarella y la albahaca. Eche el aceite que queda y haga durante 15-20 min hasta que esté crujiente y dorado. Sirva al momento.

VARIACIÓN: Intente asar o gratinar los pimientos, retirando las pieles antes de usarlos.

41

Ensalada de pollo de granja

Un primer plato ligero para 8 personas, o un único plato sustancioso para 4.

8 personas

INGREDIENTES
1 x 1,75 kg/4-4 ½ lb de pollo de granja
1 ¼ tazas de vino blanco
    y agua, mezclados
24 x 5 mm/¼ in de pan francés, en rodajas
1 diente de ajo
225 g/8 oz de judías
115 g/4 oz de hojas de espinaca tiernas
2 tallos de apio, cortados finamente
2 tomates secos, troceados
2 cebollitas verdes, cortadas finamente
cebollinos frescos y perejil, para adornar

PARA LA VINAGRETA
2 cucharadas de vinagre de vino rojo
6 cucharadas de aceite de oliva
1 cucharada de mostaza en grano
1 cucharada de miel
2 cucharadas de hierbas naturales
    mezcladas y troceadas, como tomillo,
    perejil y cebollinos
2 cucharaditas de alcaparras
sal y pimienta negra molida

1 Precaliente el horno a 190 °C/375 °F.
Meta el pollo en una cazuela con el vino
y el agua. Ase durante 1 ½ h hasta que
esté tierno. Deje enfriar en el líquido.
Quite la piel y los huesos y corte en
pedazos pequeños.

2 Para hacer la vinagreta, meta todos
los ingredientes en una jarra y agite bien.
Ajuste el sazonado al gusto.

3 Tueste las rebanadas de pan bajo
el gratinador o en el horno hasta que
estén duras y doradas, y después rocíe
ligeramente cada una con el diente de
ajo pelado.

4 Limpie las judías, corte en trozos de
5 cm/2 in y haga en agua hirviendo hasta
que estén tiernas. Escurra bajo agua fría
corriente.

5 Limpie las espinacas, quite los tallos
y corte las hojas en trozos pequeños.
Dispóngalas de modo atractivo sobre
platos individuales para servir con el apio,
las judías tiernas cocinadas, los tomates
secos, los pedazos de pollo y los aros de
cebolla, troceados.

6 Eche por encima la salsa vinagreta.
Eche los *croûtons* por encima, adorne
con los cebollinos y el perejil, si se desea,
y sirva inmediatamente.

Ensalada de hígado de pollo

Esta ensalada puede ser servida como primer plato en platos individuales, o podría ser una comida ligera, servida sobre pan.

4 personas

INGREDIENTES
hojas de mezcla de ensalada,
    por ejemplo *frisée* y hoja de roble,
    lechuga o achicoria
1 aguacate, pelado y troceado
2 uvas rosadas, partidas
350 g/12 oz de hígado de pollo
2 cucharadas de aceite de oliva
1 diente de ajo, picado
sal y pimienta molida
pan caliente, para servir

PARA LA SALSA
2 cucharadas de zumo de limón
4 cucharadas de aceite de oliva
½ cucharadita de mostaza en grano
½ cucharita de miel
1 cucharada de cebollinos cortados

1 Primero prepare la salsa: ponga todos los ingredientes en una jarra y agítelos para que se mezclen. Pruébelos y ajuste el aderezo.

2 Limpie y seque las hojas de ensalada. Disponga de forma atractiva sobre un plato para servir con el aguacate y la uva.

3 Seque los hígados de pollo sobre un papel de cocina y limpie todo lo que no se quiera del hígado. Corte las piezas de hígado más grandes por la mitad y deje las más pequeñas enteras.

4 Caliente el aceite en una sartén grande. Fría los hígados y el ajo hasta que los hígados estén dorados completamente (deberían ser rosas por dentro).

5 Sazone los hígados con sal y pimienta negra molida y seque sobre papel de cocina.

6 Coloque el hígado sobre la ensalada y eche la salsa por encima. Sirva al momento con pan caliente crujiente.

Ensalada de pollo al curry

Esta inusual ensalada es una combinación maravillosa de judías, tomates frescos y pollo sobre una salsa picante y cremosa, con pasta.

4 personas

INGREDIENTES
2 pechugas de pollo cocinadas y sin hueso
175 g/6 oz de judías
350 g/12 oz de macarrones de colores, secos
⅔ de taza de yogur
1 cucharadita de polvo de curry
1 diente de ajo, picado
1 guindilla verde, sin semillas y bien cortada
2 cucharadas de cilantro, troceado
4 tomates maduros, sin piel, sin semillas
    y cortados a tiras
sal y pimienta molida
hojas de cilantro, para adornar

3 Para hacer la salsa, mezcle el yogur, el polvo de curry, el ajo, la guindilla y el cilantro troceado, todo junto en un recipiente. Remueva los pedazos de pollo y ponga aparte durante 30 min.

1 Quite la piel del pollo y corte a tiras. Corte las judías verdes en pedazos de 1,5 cm/1 in de largo y cocine en agua hirviendo durante 5 min. Seque y enfríe bajo el agua.

2 Haga la pasta en una olla grande de agua salada hirviendo, durante 10 min, hasta que esté tierna. Escurra y enfríe.

4 Cambie la pasta cocinada a un recipiente grande para servir y mezcle con las judías y las tiras de tomate. Eche el pollo y la salsa de curry por encima de la pasta. Adorne el plato con hojas de cilantro y sirva lo más deprisa posible.

Ensalada de *noodle* de huevo con pollo y sésamo

Este pollo sustancioso y la ensalada de *noodle* (con un sabor chino distintivo) son una comida completa en sí misma.

4-6 personas

INGREDIENTES
400 g/14 oz de *noodles* de huevo
1 zanahoria, cortada en tiras finas alargadas
50 g/2 oz de guisantes planos, descabezados, cortados en tiras finas y blanqueados
115 g/4 oz de judías, blanqueadas
2 cucharadas de aceite de oliva
225 g/8 oz de pechugas de pollo, sin piel, deshuesadas y cortadas en tiras finas
2 cucharadas de semillas de sésamo, tostadas
2 cebollas verdes, bien troceadas diagonalmente, y hojas de cilantro (adorno)

PARA LA SALSA
2 cucharadas de vinagre de jerez
5 cucharadas de salsa de soja
4 cucharadas de aceite de sésamo
6 cucharadas de aceite de oliva ligero
1 diente de ajo, bien cortado
1 cucharadita de raíz de jengibre
sal y pimienta negra molida

1 Para hacer la salsa, combine todos los ingredientes en un recipiente pequeño con una pizca de sal y mezcle bien.

2 Haga los *noodles* en una olla grande con agua hirviendo. Remueva ocasionalmente para separar. Tardarán unos cuantos minutos.

3 Escurra los *noodles,* enfríe bajo el agua corriente y seque bien. Eche en un recipiente. Añada las verduras a los *noodles.* Eche la mitad de la salsa, y después remueva bien y ajuste el sazonado a su gusto.

4 Caliente el aceite de oliva en una sartén grande. Añada los pedazos de pollo y fríalos durante 3 min, o hasta que estén hechos y dorados. Retire la olla del fuego. Añada las semillas de sésamo tostado y eche un poco de la salsa que ha quedado.

5 Arregle los *noodles* en «nidos» en platos individuales. Eche el pollo frito por encima. Salpique con las cebollas verdes y las hojas de cilantro y sirva la salsa que queda, por separado.

Ensalada *Maryland*

Pollo a la barbacoa, maíz, bacon, plátano y berro están combinados aquí en una sensacional ensalada como plato único. Sirva con patatas y un botón de mantequilla.

4 personas

INGREDIENTES
4 pechugas de pollo, deshuesadas
aceite, para aliñar
225 g/8 oz de bacon sin ahumar y sin corteza
4 mazorcas de maíz
3 cucharadas de mantequilla
4 plátanos maduros, pelados
    y partidos por la mitad
4 tomates, partidos por la mitad
1 escarola y un ramillete de berros
sal y pimienta negra molida

SALSA
5 cucharadas de aceite de cacahuete
1 cucharada de vinagre de vino blanco
2 cucharaditas de jarabe de arce
2 cucharaditas de mostaza

2 Ponga a hervir una olla grande con agua salada. Prepare el maíz o deje la cáscara si lo prefiere. Hierva durante 20 min. Para dar más sabor, rocíe con mantequilla y dore sobre la barbacoa o bajo el gratinador. Haga la mitad de los plátanos y los tomates durante 6-8 min a la barbacoa: puede rociarlos con mantequilla también, si quiere.

3 Para hacer la salsa, combine el aceite, el vinagre, el jarabe de arce, la mostaza y 1 cucharada de agua en una jarra y agite bien.

4 Limpie la escarola y los berros. Remueva y aliñe.

1 Aliñe las pechugas de pollo, rocíelas con aceite y haga a la barbacoa durante 15 min, dándoles la vuelta una vez. Haga a la barbacoa el bacon durante 8-10 min, o hasta que esté crujiente.

5 Distribuya las hojas de ensalada entre 4 platos grandes. Trocee el pollo y arregle la ensalada por encima con el bacon, el plátano, el maíz y los tomates.

Pollos pequeños con lima y guindilla

Los pollos pequeños, o *poussins,* son ideales para una
o dos raciones.

4 personas

INGREDIENTES
4 *poussins* de 450 g/1 lb cada una
3 cucharadas de mantequilla
2 cucharadas de pasta de tomate seco
peladura de lima bien rallada
2 cucharaditas de salsa de guindilla
zumo de ½ lima
ramitas de perejil, para adornar
gajos de lima, para servir

1 Coloque cada *poussin* sobre una
madera, con la pechuga hacia arriba,
y apriete hacia abajo con la mano
firmemente, para romper el hueso
del pecho.

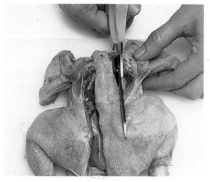

2 Gire el *poussin* y corte a cada lado del
hueso de atrás, para extraerlo.

3 Vuelva a ponerlos con la pechuga
hacia arriba y aplanarlos completamente.
Quite la piel de la pechuga con cuidado,
introduciendo los dedos entre la piel y la
carne para soltar la carne.

4 Mezcle la mantequilla, la pasta de
tomate, la peladura de lima y la salsa de
guindilla. Esparza bajo la piel de cada
poussin, dejando de lado un cuarto de
la mezcla.

5 Para mantener los pollos planos
mientras se hacen, inserte 2 pinchos a
través de cada ave. Cada pincho debería
pasar a través del ala y después a través
del contramuslo.

6 Mezcle la pasta reservada con el
zumo de lima y rocíela sobre la piel
de los pollos. Haga a medio fuego
en la barbacoa dándole la vuelta de
vez en cuando durante 25-30 min,
o hasta que los líquidos corran. Adorne
con perejil y sirva con gajos de lima.

CONSEJOS: Si desea servir medio
pollo por ración, tal vez lo más fácil sea
cortar los pollos por la mitad a lo largo
usando un largo cuchillo o unas tijeras
de pollo.

Rollo de pollo

El rollo puede prepararse y cocinarse el día antes o ser congelado.
Retire del frigorífico una hora antes de servir.

8 personas

INGREDIENTES
2 kg/4 ¼ lb de pollo

PARA EL RELLENO
1 cebolla mediana, bien troceada
4 cucharadas de mantequilla
    derretida
350 g/12 oz de tocino sin grasa,
    troceado
115 g/4 oz de bacon, troceado
1 cucharada de perejil, troceado
2 cucharaditas de tomillo,
    troceado
2 tazas de migas de pan blanco
2 cucharadas de Jerez
1 huevo grande, batido
¼ de taza de pistachos sin peladura
¼ de taza de olivas negras,
    deshuesadas (unas 12)
sal y pimienta negra molida

1 Para hacer el relleno, haga la cebolla
troceada en 2 cucharadas de mantequilla
hasta que se ponga tierna. Póngala en
un recipiente y enfríe. Añada el resto de
ingredientes, excepto lo que queda de la
mantequilla, mezcle y aliñe.

2 Para deshuesar el pollo, use un cuchillo
pequeño y afilado para quitar las puntas
de las alas. Gire el pollo sobre el pecho y
corte una línea a lo largo del hueso de la
espalda.

3 Separe la carne de la carcasa.
Cuidadosamente, corte a través del
tendón alrededor del cuarto y de las
alas para soltarlas. Retire la carcasa,
con cuidado de no cortar la piel de la
pechuga.

4 Para rellenar el pollo, póngalo plano,
con la piel hacia abajo, y levante la carne
tanto como sea posible. Ponga el relleno
dentro del pollo y doble los lados sobre el
relleno. Cosa la carne usando aguja e hilo
oscuro. Ate con un cordel fino para hacer
un rollo.

5 Precaliente el horno a 180 °C/350 °F.
Coloque el rollo, con la junta hacia abajo,
en una bandeja para asar y rocíe con la
mantequilla que queda. Ase descubierto
durante 1 ¼ h, o hasta que esté hecho,
rociándolo frecuentemente. Cuando esté
frío, quite el cordel y el hilo. Envuélvalo
en papel de aluminio y enfríe hasta que
esté listo para servir o congelar.

CONSEJOS: Descongele el rollo
de pollo durante 12 h en el
frigorífico, y déjelo a temperatura
ambiente durante 1 h antes de servir.
Use hilo oscuro para coserlo, porque
es más fácil verlo cuando tenga que
quitarlo y trincharlo antes de
servirlo.

Pollo Verónica

Cuando se usan uvas en cualquier plato gustoso, se llama «Verónica» o «a la vendimiadora», por la esposa del agricultor de las viñas.

4 personas

INGREDIENTES

4 pechugas de pollo, deshuesadas
   (de unos 200 g/7 oz cada una), bien limpias
2 cucharadas de mantequilla
1 cebollita grande o 2 pequeñas, troceadas
½ taza de vino blanco seco
1 taza de caldo de pollo
½ taza de nata para batir
1 taza (unas 30) uvas verdes
   sin semillas
sal y pimienta negra molida
perejil fresco, para adornar

1 Aliñe las pechugas de pollo. Derrita la mitad de la mantequilla en una sartén a fuego medio o alto y cocine las pechugas de pollo durante 4-5 min por cada lado, hasta que se doren.

2 Pase las pechugas de pollo a un plato y cubra para mantener calientes. Añada la mantequilla que queda y saltee las cebollitas hasta que estén tiernas, dándoles la vuelta frecuentemente.

3 Añada el vino y hierva para reducirlo a la mitad; después, añada el caldo y continúe hirviendo para reducirlo a la mitad otra vez.

4 Añada la nata a la salsa, hierva otra vez y añada los líquidos del pollo. Añada las uvas y cocine durante 5 min.

5 Corte las pechugas hechas. Eche la salsa por encima y sirva, adornado con ramitas de perejil.

VARIACIÓN: Este plato puede hacerse usando un pollo entero, cortado en piezas para servir y cocinado durante más tiempo. Si corta el hígado del pollo, puede freírse y añadirse a la salsa con las uvas, si se prefiere.

Pollo en *Croûte*

Pechugas de pollo, sazonadas con hierbas y con un relleno de sabor a naranja, envuelto en pasta ligera. Es un plato impresionante para servir en una cena festiva o en una ocasión especial.

8 personas

INGREDIENTES
1 x 450 g/1 lb de pasta empaquetada
4 pechugas de pollo, deshuesadas
   y sin piel
1 huevo batido

PARA EL RELLENO
115 g/4 oz de puerros, cortados finos
50 g/2 oz de bacon, troceado
2 cucharadas de mantequilla
2 tazas de migas de pan blanco
2 cucharadas de hierbas troceadas, por
   ejemplo, perejil, tomillo y alcaparras
la peladura rallada de 1 naranja grande
1 huevo batido
zumo de naranja o caldo (opcional)
sal y pimienta negra molida

1 Haga el relleno primero. Ponga los puerros y el bacon en la mantequilla hasta que suavizar. Ponga las migas de pan en un recipiente con las hierbas y mucho aliño. Añada los puerros, la mantequilla y el bacon con la peladura de naranja y cuaje con el huevo batido. Si la mezcla queda seca, añada zumo de naranja o caldo.

2 Despliegue la pasta en un rectángulo de 30 x 40 cm/12 x 16 in. Corte los bordes y guárdelos para decorar. Precaliente el horno a 200 °C/400 °F. Engrase la bandeja del horno.

3 Coloque las pechugas de pollo entre 2 pedazos de papel transparente y aplánelo con un rodillo hasta que tenga un grosor de 5 mm/¼ in. Esparza ⅓ del relleno en el centro de la pasta. Coloque 2 pechugas de pollo, lado a lado, sobre el relleno, y después repita con el resto de pechugas de pollo.

4 Haga un corte diagonal desde cada esquina de la pasta al pollo. Rocíe la pasta con huevo batido.

5 Eche los bordes hacia arriba y sobreponga ligeramente. Quite la pasta que sobra antes de doblar los bordes otra vez. Vuelva a poner sobre la bandeja del horno, de manera que las juntas queden hacia abajo. Dé forma al paquete y quite la pasta que sobre.

6 Con un cuchillo afilado, haga ligeramente una cruz encima de la pasta para dibujar un diamante. Rocíe con huevo batido y las hojas de pasta cortadas para decorar la parte de encima. Hornee 50-60 min, o hasta que se haya levantado y dorado la parte superior.

59

Gallo al vino

Este plato clásico se hacía originariamente con un gallo viejo, marinado y después cocido a fuego lento hasta que estaba muy tierno. Puede usarse vino blanco en lugar de tinto, como en Alsacia, donde se usa el Riesling local.

4 personas

INGREDIENTES
1.5-1,75 kg/3 ½-4 lb de pollo,
   cortado en pedazos
1 ½ cucharadas de aceite
225 g/8 oz de cebollas pequeñas
1 cucharada de mantequilla
225 g/8 oz de champiñones,
   troceados en 4 si son
   muy grandes
2 cucharadas de harina
3 tazas de vino
   tinto seco
1 taza de caldo de pollo,
   o un poco más para servir
sal y pimienta negra
   molida

1 Aderece las piezas de pollo con sal y pimienta. Póngalas en una sartén grande y pesada, con la piel hacia abajo, y cocine a fuego medio–alto durante 10-12 min, o hasta que se doren. Páselas a un plato.

2 Mientras, caliente el aceite en una cazuela a fuego medio-bajo, añada las cebollas, cubra y haga hasta que estén doradas, removiendo frecuentemente.

3 En una sartén, deshaga la mantequilla a medio fuego y saltee los champiñones, removiéndolos hasta que estén dorados.

4 Salpique las cebollas con harina y cocine durante 2 min, removiendo frecuentemente. Después, añada el vino y hierva durante 1 min, removiendo.

5 Añada el pollo, los champiñones, el caldo y el *bouquet garni*. Hierva, reduzca el fuego hasta que esté bajo, cubra y cueza durante 45-50 min, hasta que el pollo esté tierno y los jugos sean claros cuando se pinche la parte más gruesa del pollo con un cuchillo.

6 Usando una espumadera, pase el pollo y las verduras a un plato. Escurra el líquido de cocción, quite la grasa y devuelva a la olla. Hierva el líquido hasta que se haya reducido ⅓, y después devuelva el pollo y las verduras a la cazuela y cueza durante 3-4 min para calentar antes de servir.

Pollo al estragón con cebollas caramelizadas

Servido con palitos de hierba y mantequilla de naranja, este plato funciona en cualquier ocasión.

4 personas

INGREDIENTES
4 pechugas de pollo, sin piel, deshuesadas
de unos 175 g/6 oz cada una
2 cebollas, troceadas finas
2 dientes de ajo, picados
4 cucharadas de estragón troceado
el zumo de 2 naranjas
3 cucharadas de aceite de girasol
4 cucharadas de vino blanco
⅓ de taza de mantequilla
sal y pimienta negra molida

PARA LA MANTEQUILLA DE HIERBA
½ taza de mantequilla, suavizada
4 cucharadas de zumo de naranja
4 cucharadas de estragón troceado

1 Primero, haga la mantequilla de hierba. Ponga la mantequilla en un recipiente. Gradualmente, eche el zumo de naranja, y después añada el estragón troceado. Corte 25 x 20 cm/10 x 8 in de papel que no deje pasar la grasa. Eche la mantequilla de hierba sobre el papel haciendo una línea ancha.

2 Doble los bordes del papel sobre la mantequilla y apriete hacia abajo ligeramente. Enrolle el papel sobre la mantequilla, apretándola gentilmente para formar un rollo largo.

3 Doble los bordes del papel para formar un *«cracker»*, y después enfríe la mantequilla de hierba hasta que esté firme.

4 Coloque el pollo, las cebollas, el ajo y la mitad del estragón en un recipiente con zumo de naranja. Marine durante 4 h. Retire el pollo de la marinada. Caliente 1 cucharada de aceite en una sartén. Añada las cebollas y la marinada. Cubra y deje cocer durante 15 min.

5 Añada el azúcar a la olla y cocine, sin tapar durante 15 min. Mientras, caliente el aceite que queda en otra sartén y dore el pollo. Baje el fuego y cocine durante 10-12 min, dándole la vuelta. Coloque el pollo en un plato y mantenga caliente.

6 Eche el vino en la olla. Remueva bien y cocine hasta que se haya reducido ⅔. Eche los pedazos pequeños de mantequilla. Añada el estragón que falta. Cocine durante 2-3 min, aderece y eche sobre el pollo. Sirva con pedazos de hierba por encima y acompañado de cebollas caramelizadas.

Notas

Para las recetas, las cantidades se expresan utilizando el Sistema Métrico Decimal y el Sistema Británico, aunque también pueden aparecer en tazas y cucharadas estándar. Siga uno de los sistemas, tratando de no mezclarlos, ya que no se pueden intercambiar.

Las medidas estándar de una taza y una cucharada son las siguientes:

1 cucharada = 15 ml

1 cucharadita = 5 ml

1 taza = 250 ml/8 fl oz

Utilice huevos medianos a menos que se especifique otro tamaño en la receta.

Abreviaturas empleadas:

kg = kilogramo

g = gramo

lb = libra

oz = onza

in = pulgada

l = litro

ml = mililitro

fl oz = onza (volumen)

h = hora

min = minuto

s = segundo

cm = centímetro

Copyright © Spanish translation, EDIMAT LIBROS, S. A, Spain, 2002
C/ Primavera, 35
Polígono Industrial El Malvar
28500 Arganda del Rey
MADRID-ESPAÑA

ISBN: edición tapa dura 84-9764-031-4   -   edición rústica 84-9764-071-3
Depósito legal: M-52669-2003
Impreso en: COFÁS

Traducido por: Traduccions Maremagnum MTM

Fotografía: William Adams-Lingwood, Karl Adamson,
Edward Allwright, Steve Baxter,
James Duncan, Michelle Garrett,
Amanda Heywood, Janine Hosegood,
David Jordan, Don Last, Thomas Odulate

IMPRESO EN ESPAÑA – PRINTED IN SPAIN